GEORGES PEREC

TENTATIVE D'ÉPUISEMENT D'UN LIEU PARISIEN

GEORGES PEREC

TENTATIVE D'ÉPUISEMENT D'UN LIEU PARISIEN

CHRISTIAN BOURGOIS ÉDITEUR

ISBN : 978-2-267-03213-0

NOTE DE L'ÉDITEUR

Ce texte parut en 1975. Il est extrait du *Pourrissement des sociétés*, n° 1/1975 de la Revue *Cause commune* dirigée par Jean Duvignaud et dont Georges Perec était un des animateurs.

Il y a beaucoup de choses place Saint-Sulpice, par exemple : une mairie, un hôtel des finances, un commissariat de police, trois cafés dont un fait tabac, un cinéma, une église à laquelle ont travaillé Le Vau, Gittard, Oppenord, Servandoni et Chalgrin et qui est dédiée à un aumônier de Clotaire II qui fut évêque de Bourges de 624 à 644 et que l'on fête le 17 janvier, un éditeur, une entreprise de pompes funèbres, une agence de voyages, un arrêt d'autobus, un tailleur, un hôtel, une fontaine que décorent les statues des quatre grands orateurs chrétiens (Bossuet, Fénelon, Fléchier et Massillon), un kiosque à journaux, un marchand d'objets de piété, un parking, un institut de beauté, et bien d'autres choses encore.

Un grand nombre, sinon la plupart, de ces choses ont été décrites, inventoriées, photographiées, racontées ou recensées. Mon propos dans les pages qui suivent a plutôt été de décrire le reste : ce que l'on ne note généralement pas, ce qui ne se remarque pas, ce qui n'a pas d'importance : ce qui se passe quand il ne se passe rien, sinon du temps, des gens, des voitures et des nuages.

I

La date : 18 octobre 1974

L'heure : 10 h 30

Le lieu : Tabac Saint-Sulpice

Le temps : Froid sec. Ciel gris. Quelques éclaircies.

Esquisse d'un inventaire de quelques-unes des
choses strictement visibles :

– Des lettres de l'alphabet, des mots : « KLM »
   (sur la pochette d'un promeneur), un « P »
   majuscule qui signifie « parking » ; « Hôtel
   Récamier », « St-Raphaël », « l'épargne à
   la dérive », « Taxis tête de station », « Rue
   du Vieux-Colombier », « Brasserie-bar La
   Fontaine Saint-Sulpice », « P ELF », « Parc
   Saint-Sulpice ».

– Des symboles conventionnels : des flèches, sous le « P » des parkings, l'une légèrement pointée vers le sol, l'autre orientée en direction de la rue Bonaparte (côté Luxembourg), au moins quatre panneaux de sens interdit (un cinquième en reflet dans une des glaces du café).

– Des chiffres : 86 (au sommet d'un autobus de la ligne n° 86, surmontant l'indication du lieu où il se rend : Saint-Germain-des-Prés), 1 (plaque du n° 1 de la rue du Vieux-Colombier), 6 (sur la place indiquant que nous nous trouvons dans le 6ᵉ arrondissement de Paris).

– Des slogans fugitifs : « De l'autobus, je regarde Paris »

– De la terre : du gravier tassé et du sable.

– De la pierre : la bordure des trottoirs, une fontaine, une église, des maisons…

– De l'asphalte

– Des arbres (feuillus, souvent jaunissants)

– Un morceau assez grand de ciel (peut-être 1/6ᵉ de mon champ visuel)

- Une nuée de pigeons qui s'abat soudain sur le terre-plein central, entre l'église et la fontaine
- Des véhicules (leur inventaire reste à faire)
- Des êtres humains
- Une espèce de basset
- Un pain (baguette)
- Une salade (frisée ?) débordant partiellement d'un cabas

Trajectoires :

Le 96 va à la gare Montparnasse
Le 84 va à la Porte de Champerret
Le 70 va Place du Dr-Hayem, Maison de l'O.R.T.F.
Le 86 va à Saint-Germain-des-Prés
Exigez le Roquefort Société le vrai dans son ovale vert
Aucune eau ne jaillit de la fontaine. Des pigeons se sont posés sur le rebord d'une de ses vasques.
Sur le terre-plein, il y a des bancs, des bancs

doubles avec un dosseret unique. Je peux, de ma place, en compter jusqu'à six. Quatre sont vides. Trois clochards aux gestes classiques (boire du rouge à la bouteille) sur le sixième.

Le 63 va à la Porte de la Muette

Le 86 va à Saint-Germain-des-Prés

Nettoyer c'est bien ne pas salir c'est mieux

Un car allemand

Une fourgonnette Brinks

Le 87 va au Champ-de-Mars

Le 84 va à la Porte Champerret

Couleurs : rouge (Fiat, robe, St-Raphaël, sens
          uniques)
          sac bleu
          chaussures vertes
          imperméable vert
          taxi bleu
          deux-chevaux bleue

Le 70 va à la Place du Dr-Hayem, Maison de l'O.R.T.F.

          méhari verte

Le 86 va à Saint-Germain-des-Prés

Danone : Yoghourts et desserts

Exigez le Roquefort Société le vrai dans son ovale vert

la plupart des gens ont au moins une main occupée : ils tiennent un sac, une petite valise, un cabas, une canne, une laisse au bout de laquelle il y a un chien, la main d'un enfant

Un camion livre de la bière en tonneaux de métal (Kanterbraü, la bière de Maître Kanter)

Le 86 va à Saint-Germain-des-Prés

Le 63 va à la Porte de la Muette

Un car « Cityrama » à deux étages

Un camion bleu de marque mercédès

Un camion brun Printemps Brummell

Le 84 va à la Porte de Champerret

Le 87 va au Champ-de-Mars

Le 70 va Place du Dr-Hayem, Maison de l'O.R.T.F.

Le 96 va à la Gare Montparnasse

Darty Réal

Le 63 va à la Porte de la Muette

Casimir maître traiteur. Transports Charpentier.

Berth France S.A.R.L.

Le Goff tirage à bière

Le 96 va à la Gare Montparnasse

Auto-école

    Venant de la rue du Vieux-Colombier, un 84 tourne dans la rue Bonaparte (en direction du Luxembourg)

Walon déménagements

Fernand Carrascossa déménagements

Pommes de terre en gros

    D'un car de touristes une Japonaise semble me photographier.

    Un vieil homme avec sa demi-baguette, une dame avec un paquet de gâteaux en forme de petite pyramide

Le 86 va à Saint-Mandé (il ne tourne pas dans la rue Bonaparte, mais il prend la rue du Vieux-Colombier)

Le 63 va à la Porte de la Muette

Le 87 va au Champ-de-Mars

Le 70 va Place du Dr Hayem, Maison de l'O.R.T.F.

    Venant de la rue du Vieux-Colombier, un 84 tourne dans la rue Bonaparte (en direction du Luxembourg)

Un car, vide.
d'autres Japonais dans un autre car
Le 86 va à Saint-Germain-des-Prés
Braun reproductions d'art
Accalmie (lassitude ?)
Pause.

2

la date : 18 octobre 1974
l'heure : 12 h 40
le lieu : Café de la Mairie

        plusieurs dizaines, plusieurs cen-
taines d'actions simultanées, de micro-
événements dont chacun implique des postures,
des actes moteurs, des dépenses d'énergie spé-
cifiques :
    discussions à deux, discussions à trois, dis-
cussions à plusieurs : le mouvement des lèvres,
les gestes, les mimiques expressives
    modes de locomotion : marche, véhicule à

deux roues (sans moteur, à moteur), automobiles (voitures privées, voitures de firmes, voitures de louage, auto-école), véhicules utilitaires, services publics, transports en commun, cars de touristes

modes de portage (à la main, sous le bras, sur le dos)

modes de traction (cabas à roulettes)

degrés de détermination ou de motivation : attendre, flâner, traîner, errer, aller, courir vers, se précipiter (vers un taxi libre, par exemple), chercher, musarder, hésiter, marcher d'un pas décidé

positions du corps : être assis (dans les autobus, dans les voitures, dans les cafés, sur les bancs)

être debout (près des arrêts d'autobus, devant une vitrine (Laffont, pompes funèbres), à côté d'un taxi (le payant)

Trois personnes attendent près de l'arrêt des taxis. Il y a deux taxis, leurs chauffeurs sont absents (taxis capuchonnés)

Tous les pigeons se sont réfugiés sur la gouttière de la mairie.

Un 96 passe. Un 87 passe. Un 86 passe. Un 70 passe. Un camion « Grenelle Interlinge » passe. Accalmie. Il n'y a personne à l'arrêt des autobus.

Un 63 passe. Un 96 passe

Une jeune femme est assise sur un banc, en face de la galerie de tapisseries « La Demeure » ; elle fume une cigarette.

Il y a trois vélomoteurs garés sur le trottoir devant le café

Un 86 passe. Un 70 passe.

Des voitures s'engouffrent dans le parking

Un 63 passe. Un 87 passe.

Il est une heure cinq. Une femme traverse en courant le parvis de l'église.

Un livreur en blouse blanche sort de sa camionnette garée devant le café des glaces (alimentaires) qu'il va livrer rue des Canettes.

Une femme tient une baguette à la main

Un 70 passe

(c'est seulement par hasard, de la place que

j'occupe, que je peux voir passer, à l'autre bout, des 84)

Les automobiles suivent des axes de circulation évidemment privilégiés (sens unique, pour moi, de gauche à droite); c'est beaucoup moins sensible pour les piétons : il semblerait que la plupart vont rue des Canettes ou en viennent.

Un 96 passe.

Un 86 passe. Un 87 passe. Un 63 passe

Des gens trébuchent. Micro-accidents.

Un 96 passe. Un 70 passe.

Il est une heure vingt.

Retour (aléatoire) d'individus déjà vus : un jeune garçon en caban bleu marine tenant à la main une pochette plastique repasse devant le café

Un 86 passe. Un 86 passe. Un 63 passe.

Le café est plein

Sur le terre-plein un enfant fait courir son chien (genre Milou)

Juste en bordure du café, au pied de la vitrine et en trois emplacements différents, un homme, plutôt jeune, dessine à la craie sur le trottoir une

sorte de « V » à l'intérieur duquel s'ébauche une manière de point d'interrogation (land-art ?)
Un 63 passe
6 égouttiers (casques et cuissardes) prennent la rue des Canettes.
Deux taxis libres à l'arrêt des taxis
Un 87 passe
Un aveugle venant de la rue des Canettes passe devant le café ; c'est un homme jeune, à la démarche assez assurée.
Un 86 passe
    Deux hommes à pipe et sacoches noire
    Un homme à sacoche noire sans pipe
    Une femme en veste de laine, hilare
        Un 96
        Un autre 96
(talons hauts : chevilles tordues)
        Une deux-chevaux vert pomme
        Un 63
        Un 70

Il est 13 h 35. Des groupes, par bouffées. Un 63. La deux-chevaux vert pomme est maintenant garée presque au coin de la rue Férou, de l'autre côté du parvis. Un 70. Un 87. Un 86. Trois taxis à l'arrêt des taxis. Un 96. Un 63. Un cycliste télégraphiste. Des livreurs de boissons. Un 86. Une petite fille avec un cartable sur les épaules.

Pommes de terre en gros. Une dame menant trois enfants à l'école (deux d'entre eux ont de longs bonnets rouges à pompons)
Il y a une camionnette de croque-morts devant l'église.
Passe un 96.
Des gens se rassemblent devant l'église (rassemblement du convoi ?)
Un 87. Un 70. Un 63.
Rue Bonaparte, une bétonneuse, orange.
Un chien basset. Un homme à nœud papillon.
Un 86.
Le vent fait bouger les feuilles des arbres.
Un 70.
Il est treize heures cinquante.
Messageries S.C.N.F.

Les gens de l'enterrement sont entrés dans l'église

Passage d'une voiture auto-école, d'un 96, d'un 63, d'une camionnette de fleuriste, bleue, qui va se ranger à côté de la camionnette des pompes funèbres et de laquelle on sort une couronne mortuaire.

Avec un magnifique ensemble, les pigeons font le tour de la place et reviennent se poser sur la gouttière de la mairie.

Il y a cinq taxis à l'arrêt des taxis.

Passe un 87, passe un 63.

La cloche de Saint-Sulpice se met à sonner (le tocsin, sans doute)

Trois enfants menés à l'école. Une autre deux-chevaux vert pomme.

De nouveau les pigeons font un tour de place

Un 96 passe, s'arrête devant l'arrêt des autobus (section Saint-Sulpice); en descend Geneviève Serreau qui emprunte la rue des Canettes ; je l'appelle en frappant à la vitre et elle vient me dire bonjour.

Un 70 passe.

Le tocsin s'arrête.

Une jeune fille mange la moitié d'un palmier.

Un homme à pipe et sacoche noire.

Un 70 passe

Un 63 passe

Il est deux heures cinq.

Un 87 passe.

Des gens, par paquets, toujours et encore

Un curé qui revient de voyage (il y a une étiquette de compagnie aérienne qui pend à sa sacoche).

Un enfant fait glisser un modèle réduit de voiture sur la vitre du café (petit bruit)

Un homme s'arrête une seconde pour dire bonjour au gros chien du café, paisiblement étendu devant la porte

Un 86 passe

Un 63 passe

Une femme passe. Sur son sac il y a écrit « Gudule »

Presque devant le café, un homme s'accroupit pour fouiller dans sa serviette

Un 86 passe

Un jeune homme passe ; il porte un grand carton à dessins

Il n'y a plus que deux vélomoteurs garés sur le trottoir devant le café : je n'ai pas vu le troisième partir (c'était un vélosolex) (*Limites évidentes d'une telle entreprise : même en me fixant comme seul but de regarder, je ne vois pas ce qui se passe à quelques mètres de moi : je ne remarque pas, par exemple, que des voitures se garent*)

Un homme passe : il tire une charrette à bras, rouge.

Un 70 passe.

Un homme regarde la vitrine de Laffont

En face de « La Demeure » une femme attend, debout près d'un banc

Au milieu de la rue, un homme guette les taxis (il n'y a plus de taxi à l'arrêt des taxis)

Un 86 passe. Un 96 passe. Un livreur de « Tonygencyl » passe.

Malissard Dubernay transports rapides passe.

De nouveau les pigeons font un tour de place. Qu'est-ce qui déclenche ce mouvement d'ensemble ; il ne semble lié ni à un stimulus

25

extérieur (explosion, détonation, changement de lumière, pluie, etc.) ni à une motivation particulière ; cela ressemble à quelque chose de tout à fait gratuit : les oiseaux s'envolent tout à coup, font un tour de place et reviennent se poser sur la gouttière de la mairie.

Il est deux heures vingt.

Un 96. Des femmes élégantes. Un Japonais absent, puis un autre, hilare, demandent à un passant leur chemin. Il leur montre du doigt la rue des Canettes, qu'ils empruntent aussitôt. Passage d'un 63, d'un 87 et d'une camionnette « Dunod éditeur ».

Près de l'arrêt des bus, une femme timbre trois lettres et les dépose dans la boîte aux lettres.

Petit chien genre caniche.

Une sorte de sosie de Peters Sellers, l'air très content de lui, passe devant le café. Puis une femme avec deux tout jeunes enfants. Puis un groupe de 14 femmes venant de la rue des Canettes.

J'ai l'impression que la place est presque vide

(mais il y a au moins vingt êtres humains dans mon champ visuel).

Un 63.

Une camionnette des postes.

Un enfant avec un chien

Un homme avec un journal

Un homme qui a un grand « A » sur son chandail

Un camion « Que sais-je ? » : « La collection "Que sais-je" a réponse à tout »

Un épagneul ?

Un 70

Un 96

On sort de l'église les couronnes mortuaires.

Il est 2 heures et demie.

Passent un 63, un 87, un 86, un autre 86 et un 96.

Une vieille femme met sa main en visière pour voir quel est le numéro de l'autobus qui arrive (je peux déduire de son air déçu qu'elle voudrait prendre le 70)

On sort la bière. Le tocsin se remet à sonner.

Le fourgon mortuaire s'en va, suivi d'une 204
et d'une méhari verte.
Un 87
Un 63
Le tocsin s'arrête
Un 96
Il est trois heures moins le quart.
Pause.

3

La date : 18 octobre 1974
L'heure : 15 h 20
Le lieu : Fontaine Saint-Sulpice (café)

Plus tard, je suis allé au tabac Saint-Sulpice.
Je suis monté au premier, une salle triste, plutôt
froide, occupée seulement par un quintette de
bridgeurs dont quatre étaient en train de jouer
trois trèfles. Je suis redescendu m'installer à la
table que j'avais occupée le matin. J'ai mangé

une paire de saucisses en buvant un ballon de bourgueil.

J'ai revu des autobus, des taxis, des voitures particulières, des cars de touristes, des camions et des camionnettes, des vélos, des vélomoteurs, des vespas, des motos, un triporteur des postes, une moto-école, une auto-école, des élégantes, des vieux beaux, des vieux couples, des bandes d'enfants, des gens à sacs, à sacoches, à valises, à chiens, à pipes, à parapluies, à bedaines, des vieilles peaux, des vieux cons, des jeunes cons, des flaneurs, des livreurs, des renfrognés, des discoureurs. J'ai aussi vu Jean-Paul Aron, et le patron du restaurant « Les Trois canettes » que j'avais déjà aperçu le matin.

Je suis maintenant à la Fontaine Saint-Sulpice, assis de telle façon que je tourne le dos à la place : les voitures et les gens que mon regard découvre viennent de la place ou s'apprêtent à la traverser (à l'exception de quelques piétons qui peuvent venir de la rue Bonaparte).

Plusieurs grands-mères gantées ont poussé des landaus

On prépare la journée nationale des personnes âgées. Une dame de 83 ans est entrée, elle a présenté son tronc au patron du café, mais est ressortie sans nous le tendre.

Sur le trottoir, il y a un homme secoué, mais pas encore ravagé, de tics (mouvements de l'épaule comme s'il éprouvait une démangeaison continuelle dans le cou); il tient sa cigarette de la même façon que moi (entre le medius et l'annulaire) : c'est la première fois que je retrouve chez un autre cette habitude.

Paris-Vision : c'est un car à deux étages, guère plein.

Il est quatre heures cinq. Lassitude des yeux. Lassitude des mots.

Une deux-chevaux vert pomme

(j'ai froid ; je commande un vieux marc)

En face, au tabac, les bridgeurs de la salle du premier se donnent un peu d'air

Un flic à vélo gare son vélo et entre dans le tabac ; il en ressort presque aussitôt, on ne sait pas ce qu'il a acheté (des cigarettes ? un stylo à bille, un timbre, des cachous, un paquet de mouchoirs en papier ?)

Car Cityrama

Un motard. Une camionnette citroën vert pomme.

On entend des appels impératifs de klaxons.

Une grand-mère poussant un landau ; elle porte une cape

Un facteur avec sa sacoche

Un vélo de course fixé sur l'arrière d'une voiture surbaissée

Un triporteur des postes, une camionnette des postes (est-ce l'heure de la relève des boîtes aux lettres ?)

Il y a des gens qui lisent en marchant, il y en a peu, mais il y en a.

Une méhari verte

Un bébé dans un landau émet un bref piaillement. Il ressemble à un oiseau : yeux bleus, fixes, prodigieusement intéressés par ce qu'ils découvrent.

Un contractuel coquelucheux met une contravention à une Morris verte

Un homme porte une chapka d'astrakan. Puis un autre.

Un petit garçon porte une casquette d'écolier anglais ; il traverse en veillant à ne marcher que sur les clous.

Un facteur à sacoche

Deux aubergines toniques

Deux frères chiens genre Milou *c'est pas toujours entre parenthèses*

Un homme à béret genre curé

Une femme en châle

Une grand-mère à landau

Un homme à chapka (c'est le même, il revient)

Un curé à béret (un autre)

> Capes, turbans, bottes, casquette genre marin, écharpes, courtes ou longues, agent à képi, fourrures, valises, parapluie

Un télégraphiste à vélo

Un couple d'Anglais (ils entrent dans le café en causant leur idiome) : son manteau est aussi long que lui

Une fille à courtes nattes dévorant un baba (est-ce un baba ? ça ressemble à un baba)

Une femme avec une baguette. Une autre.
Il est cinq heures moins le quart. J'ai envie de
me changer les idées. Lire *Le Monde*. Changer
de crémerie.
Pause.

4

La date : 18 octobre 1974
L'heure : 17 h 10
Le lieu : Café de la Mairie

Le kiosque à journaux était fermé ; je n'ai
pas trouvé *Le Monde* ; j'ai accompli un minus-
cule circuit (rue des Canettes, rue du Four,
rue Bonaparte) : belles oisives envahissant des
magasins de mode. Rue Bonaparte, j'ai regardé
quelques titres de livres soldés, quelques
devantures (mobilier ancien ou moderne, livres
anciens, dessins et gravures)
Il fait froid, de plus en plus me semble-t-il

Je suis assis au Café de la Mairie, un tout petit peu en retrait par rapport à la terrasse

Passe un 86 il est vide

Passe un 70 il est plein

Passe, de nouveau, Jean-Paul Aron : il tousse

Un groupe d'enfants joue au ballon devant l'église

Passe un 70 plutôt vide

Passe un 63 presque plein

(pourquoi compter les autobus ? sans doute parce qu'ils sont reconnaissables et réguliers : ils découpent le temps, ils rythment le bruit de fond ; à la limite ils sont prévisibles.

Le reste semble aléatoire, improbable, anarchique ; les autobus passent parce qu'ils doivent passer, mais rien ne veut qu'une voiture fasse marche arrière, ou qu'un homme ait un sac marqué du grand « M » de Monoprix, ou qu'une voiture soit bleue ou vert pomme, ou qu'un consommateur commande un café plutôt qu'un demi…)

Passe un 96 il est presque vide

Le « P » du parking et sa flèche s'allument.

Dans les étages de l'hôtel des finances, des globes lumineux sont maintenant visibles

Passe un 70 il est plein

Passe un 63 il l'est peu

Les motocyclettes et les vélomoteurs allument leurs phares

Les clignotants deviennent visibles et plus visibles aussi les voyants des taxis, plus brillants quand ils sont libres

Passe un 86 presque plein

Passe un 63 presque vide

Passe un 96 plutôt plein

Passe un 87 plutôt plein

(appliquer aux autobus la théorie des vases communicants...)

Il est 17 h 50

Une bétonneuse rouge et bleue, un Pyrénées taxis transports.

Passe un 96 il est plein

Passe un 86 il est absolument vide (seulement le chauffeur)

Passe un 63 presque vide

Passe un papa poussant poussette

Modifications de la lumière du jour

Un 87 quasi vide, un 86 à moitié plein
Les enfants jouent sous les piliers de l'église.
Un beau chien blanc taché de noir
Une lumière à un immeuble (est-ce l'hôtel
Récamier ?)
Un 96 quasi vide
Du vent
Un 63 plein, un 70 presque plein, un 63 presque
plein
Un homme entre dans le café, se plante devant un
consommateur qui se lève aussitôt et va pour régler
sa consommation ; mais il n'a pas de petite mon-
naie et c'est l'autre qui paie. Ils sortent ensemble.
Un homme veut entrer dans le café ; mais il
commence par tirer la porte au lieu de la pous-
ser Fantomatismes
Passe un 70 plein

(fatigue)

Passe un 96 à moitié plein
De nouvelles lumières s'allument dans le café.
Dehors le crépuscule bat son plein
Passe un 63 il est plein
Passe un homme poussant son solex
Passe un 70 il est plein
Passe un 96 à moitié plein
Passent les œufs extra frais NB
Il est six heures moins cinq
D'une camionnette bleue un homme a sorti un
diable qu'il a chargé de divers produits d'entre-
tien et qu'il a poussé rue des Canettes. Dehors
on ne distingue pratiquement plus les visages
Les couleurs fondent : grisaille rarement éclai-
rée. Taches jaunes. Rougeoiments.
Passe un 96 presque vide
Passe un car de police qui tourne devant le par-
vis de l'église
Passe un 86 vide, un 87 modérément plein
Les cloches de Saint-Sulpice se mettent à sonner
Un 70 plein, un 96 vide, un autre 96 encore
plus vide
Des parapluies ouverts

Les véhicules automobiles allument leurs phares
Un 96 peu rempli, un 63 plein
Le vent semble souffler en rafales, mais peu de
voitures font fonctionner leurs essuie-glaces
Les cloches de Saint-Sulpice s'arrêtent de son-
ner (était-ce les vêpres ?)
Passe un 63 presque vide
La nuit, l'hiver : aspect irréel des passants
Un homme qui porte des tapis
Beaucoup de monde, beaucoup d'ombres, un
63 vide ; le sol est luisant, un 70 plein, la pluie
semble plus forte. Il est six heures dix. Coups
de klaxon ; début d'embouteillage
C'est à peine si je peux voir l'église, par contre,
je vois presque tout le café (et moi-même écri-
vant) en reflet dans ses propres vitres
L'embouteillage s'est dissous
Les phares seuls signalent le passage des voi-
tures
Les lampadaires s'allument progressivement
Tout au fond (hôtel Récamier ?) il y a maintenant plusieurs fenêtres allumées
Passe un 87 presque plein

Passe un homme qui porte un cadre
Passe un homme qui porte une planche
Passe un car de police sa lampe bleue tournoyante
Passent un 87 vide, un 70 plein, un 87 vide
Des gens courent
Passe un homme qui porte une maquette d'architecte (est-ce vraiment une maquette d'architecte ?
Ça ressemble à l'idée que je me fais d'une maquette d'architecte ; je ne vois pas ce que ça pourrait être d'autre).
Passe une bétonneuse orange, un 86 presque vide, un 70 plein, un 86 vide
Ombres indistinctes
Un 96 plein
    (peut-être ai-je seulement aujourd'hui découvert ma vocation : contrôleur de lignes à la R.A.T.P.)
Il est 18 h 45
passent des ouatures
une camionnette jaune des postes s'arrête devant la boîte aux lettres qu'un postier déleste de son

double contenu (Paris/Hors-Paris, banlieue comprise)

Il pleut toujours
Je bois une gentiane de Salers.

II

5

La date : 19 octobre 1974 (samedi)
L'heure : 10 h 45
Le lieu : Tabac Saint-Sulpice
Le temps : Pluie fine, genre bruine
Passage d'un balayeur de caniveaux
Par rapport à la veille, qu'y a-t-il de changé ? Au premier abord, c'est vraiment pareil. Peut-être le ciel est-il plus nuageux ? Ce serait vraiment du parti pris de dire qu'il y a, par exemple, moins de gens ou moins de voitures. On ne voit pas d'oiseau. Il y a un chien sur le terre-plein. Au-dessus de l'hôtel Récamier (loin derrière ?) se détache dans le ciel une grue (elle y était hier,

mais je ne me souviens plus l'avoir noté). Je ne saurais dire si les gens que l'on voit sont les mêmes qu'hier, si les voitures sont les mêmes qu'hier ? Par contre, si les oiseaux (pigeons) venaient (et pourquoi ne viendraient-ils pas) je serais sûr que ce seraient les mêmes.

Beaucoup de choses n'ont pas changé, n'ont apparemment pas bougé (les lettres, les symboles, la fontaine, le terre-plein, les bancs, l'église, etc.); moi-même je me suis assis à la même table.

Des autobus passent. Je m'en désintéresse complètement.

Le Café de la Mairie est fermé. Le kiosque à journaux aussi (il n'ouvrira que lundi)

(il me semble avoir vu passer Duvignaud, se dirigeant vers le parking)

Passe une ambulance pimponnante, puis une dépanneuse remorquant une D.S. bleue.

Plusieurs femmes traînent des cabas à roulettes

Arrivent les pigeons ; ils me semblent moins nombreux qu'hier

Afflux de foules humaines ou voiturières. Accalmies. Alternances.

Deux « Coches Parisiens » sortes de cars à plateforme passent avec leurs cargaisons de Japonais photophages

Un car Cityrama (des Allemands ? des Japonais ?)

La pluie s'est arrêtée très vite ; il y a même eu pendant quelques secondes un vague rayon de soleil.

Il est onze heures et quart

À la recherche d'une différence :

Le Café de la Mairie est fermé (je ne le vois pas ; je le sais parce que je l'ai vu en descendant de l'autobus)

Je bois un vittel alors que hier je buvais un café (en quoi cela transforme-t-il la Place ?)

Le plat du jour de la Fontaine Saint-Sulpice a-t-il changé (hier c'était du cabillaud)? Sans doute, mais je suis trop loin pour déchiffrer ce qu'il y a écrit sur l'ardoise où on l'annonce.

(2 cars de touristes, le second s'appelle « Walz

Reisen ») : les touristes d'aujourd'hui peuvent-
ils être les mêmes que les touristes d'hier (un
homme qui fait le tour de Paris en car un
vendredi a-t-il envie de le refaire le samedi ?)
Hier, il y avait sur le trottoir, juste devant ma
  table, un ticket de métro ; aujourd'hui il y a,
  pas tout à fait au même endroit, une enve-
  loppe de bonbon (cellophane) et un bout de
  papier difficilement identifiable (à peu près
  grand comme un emballage de « Parisiennes »
  mais d'un bleu beaucoup plus clair).

Passe une petite fille avec un long bonnet rouge
à pompon (je l'ai déjà vue hier, mais hier elles
étaient deux); sa mère a une jupe longue faite
de bandes de tissus cousues ensemble (pas vraiment du patchwork)
Un pigeon se perche au sommet d'un lampadaire
Des gens entrent dans l'église (est-ce pour la
visiter ? Est-ce l'heure de la messe ?)
Un promeneur qui ressemble assez vaguement à
Michel Mohrt repasse devant le café et semble

s'étonner de me voir encore attablé devant un vittel et des feuillets

Un car : « Percival Tours »

D'autres gens entrent dans l'église

Les cars de touristes n'adoptent pas tous la même stratégie : tous viennent du Luxembourg par la rue Bonaparte ; certains continuent dans la rue Bonaparte ; d'autres tournent dans la rue du Vieux-Colombier : cette différence ne correspond pas toujours à la nationalité des touristes.

Car « Wehner Reisen »

Car de flics

Pause

6

La date : 19 octobre 1974

L'heure : 12 h 30

Le lieu : Sur un banc en plein soleil, au milieu des pigeons, regardant dans la direction de la fontaine (bruits de la circulation derrière)

Le temps : Le ciel s'est tout à coup dégagé.

Les pigeons sont quasi immobiles. Il est cependant difficile de les dénombrer (200, peut-être); plusieurs sont couchés, les pattes repliées. C'est l'heure de leur toilette (avec leur bec, ils s'épluchent le jabot ou les ailes); quelques-uns se sont perchés sur le rebord de la troisième vasque de la fontaine. Des gens sortent de l'église.

J'entends parfois des coups de klaxon. La circulation est ce que l'on appelle fluide.

Nous sommes quatre sur quatre bancs. Le soleil est un instant caché par un nuage. Deux touristes photographient la fontaine.

Passe un car Paris-Vision à deux étages

Des pigeons se lavent dans la fontaine (les vasques sont pleines d'eau, mais les gueules de lion ne lancent aucun jet d'eau); ils s'éclaboussent et en sortent tout ébouriffés.

Les pigeons à mes pieds ont un regard fixe. Les gens qui les regardent aussi.

Le soleil s'est caché. Il y a du vent.

7

La date : 19 octobre 1974
L'heure : 14 heures
Le lieu : Tabac Saint-Sulpice

Passage de Paul Virilio : il va voir Gatsby le dégueulasse au Bonaparte.

Je suis assis ici, sans écrire, depuis une heure moins le quart ; j'ai mangé un sandwich au saucisson en buvant un ballon de bourgueil. Puis des cafés. À côté de moi une demi-douzaine de marchands de prêt-à-porter jacassent, satisfaits de leurs petites affaires. Je regarde d'un œil torve le passage des oiseaux, des êtres et des véhicules. Le café est bondé

Une lointaine connaissance (amie d'amie, amie d'amie d'amie) est passée dans la rue, est venue me dire bonjour, a pris un café.

Passe un car Paris-Vision. Les touristes ont des écouteurs

Le ciel est gris. Éclaircies éphémères.

Lassitude de la vision : hantise des deux-chevaux vert pomme.
Curiosité inassouvie (ce que je suis venu chercher, le souvenir qui flotte dans ce café…)

Quelle différence y a-t-il entre un conducteur qui se gare du premier coup et un autre (« 90 ») qui n'y parvient qu'au bout de plusieurs minutes de laborieux efforts ? Cela suscite l'éveil, l'ironie, la participation de l'assistance : ne pas voir les seules déchirures, mais le tissu (mais comment voir le tissu si ce sont seulement les déchirures qui le font apparaître : personne ne voit jamais passer les autobus, sauf s'il en attend un, ou s'il attend quelqu'un qui va en descendre, ou si la R.A.T.P. l'appointe pour les dénombrer…) De même : pourquoi deux bonnes sœurs sont-elles plus intéressantes que deux autres passants ?
Passe un homme, le cou pris dans une minerve
Passe une femme ; elle mange une part de tarte
Un couple s'approche de son Autobianchi

Abarth rangée le long du trottoir. La femme mord dans une tartelette.

Il y a beaucoup d'enfants.

Un homme qui vient de garer sa voiture (à la place de l'Autobianchi) la regarde comme s'il ne la reconnaissait pas.

Une voiture bleue, une jaune, deux deux-chevaux bleues

À l'arrêt des taxis, il n'y a qu'un seul taxi. Le chauffeur a ouvert son coffre.

Les pigeons font un tour de place

Le café est presque vide

Passe une jeune fille ; elle porte une raquette de tennis sous le bras (dans une housse en tissu où l'on peut aussi ranger les balles)

Une deux-chevaux vert pomme

Une poussette

Un cabas à roulettes

Un groupe de scouts avec sacs à dos entre dans l'église

Passe une dame qui a acheté une longue tringle

Passe une auto-école

D'une façon purement abstraite, on pourrait

proposer le théorème suivant : en un même laps de temps, davantage d'individus marchent dans la direction Saint-Sulpice/rue de Rennes que dans la direction rue de Rennes/Saint-Sulpice.

Plusieurs femmes en camaïeus de verts.

Les scouts quittent Saint-Sulpice en file hindoue. L'un d'eux qui est venu jusqu'ici téléphoner les rejoint en courant ; il grimpe les escaliers de l'église et les redescend quatre à quatre, portant son sac à dos et le fanion de la patrouille (j'ai quand même une bonne vue)

L'agent de police n° 5976 va et vient dans la rue du Vieux-Colombier. Il offre une certaine ressemblance avec Michael Lonsdale.

Les « Coches Parisiens »

L'homme à la minerve (il était tout à l'heure rue du Vieux-Colombier, il est maintenant rue Bonaparte)

Précédé de 91 motards, le mikado passe dans une rolls-royce vert pomme

Cityrama : une Japonaise absorbée dans ses écouteurs

J'entends : « Il est trois heures et quart »

[annotation manuscrite : √ je suppose que cet homme est blanc pcq Perec ne lui identifie pas]

Un homme en imperméable fait de grands gestes
Des Japonais dans un car *[bus]*
Les cloches de Saint-Sulpice se mettent à sonner
(ce serait, entends-je, un baptême)
Les oiseaux font un tour de place
Les deux aubergines de la veille repassent ; elles
semblent soucieuses, aujourd'hui.
Légère animation dans le café, dans la rue
Un homme qui vient d'acheter un paquet de
Winston et un paquet de Gitanes déchire l'en-
veloppe de cristal (cellophane) du paquet de
Winston.
Léger changement de luminosité
Des Japonais dans un car ; ils n'ont pas d'écou-
teurs ; l'hôtesse est japonaise
Tous les pigeons se posent sur le terre-plein.
Les feux passent au rouge (cela leur arrive sou-
vent)
Des scouts (ce sont les mêmes) repassent devant
l'église
Une deux-chevaux vert pomme immatriculée
dans l'Eure-et-Loir (28)
Un car. Des Japonais.

Rassemblement de quelques individus devant Saint-Sulpice. J'entrevois en haut des marches un homme qui balaie (est-ce le bedeau ?). Je sais qu'il va y avoir un mariage (par deux consommateurs qui viennent de partir pour, justement, y assister).

Une petite fille, encadrée par ses parents (ou par ses kidnappeurs) pleure

Un car (Globus) aux trois quarts vide

Passe une dame qui vient d'acheter un bougeoir moche

Passe un petit car : Club Reisen Keller

Car. Japonais.

J'ai froid. Je commande un marc

Passe une voiture dont le capot est couvert de feuilles mortes

Passe un motocycliste poussant une yamaha 125 rouge toute neuve

Passe pour la énième fois l'auto-école 79 rue de Rennes

Passe une petite fille avec une baudruche bleue

Passe pour la deuxième fois une aubergine en pantalons

Esquisses d'embouteillages dans la rue
Bonaparte

Tout plein de gens, tout plein de bagnoles

Passe un homme qui mange un gâteau (la
renommée des pâtisseries du quartier n'est plus
à faire)

Un car : Paris-Sud autocars : sont-ce des touristes ?

Les cloches de Saint-Sulpice se mettent à sonner, peut-être pour le mariage. Les grandes
portes de l'église sont ouvertes.

Car Paris-Vision

Entrée dans l'église du cortège nuptial

Embouteillages dans la rue du Vieux-Colombier

Les autobus piétinent sur la place

Quatrième passage du lointain sosie de Michel
Mohrt

Lointain vol de pigeons.

Une cape violette, une deux-chevaux rouge, un
cycliste.

Les cloches de Saint-Sulpice cessent de résonner

Au loin, deux hommes courent.

Un car de police freine pile : la force d'inertie

fait se fermer la portière latérale, qu'une main rouvre et fixe.

Le café est plein.

Passe un car bondé, mais pas de Japonais. *P atteinte*

La lumière commence à décroître, même si cela est encore à peine sensible ; le rouge des feux de circulation est davantage visible.

Des lumières s'allument dans le café.

Deux cars, Cityrama et Paris-Vision n'arrivent pas à se dépétrer l'un de l'autre. Le Cityrama finit par prendre la rue Bonaparte, le Paris-Vision voudrait bien prendre la rue du Vieux-Colombier. L'agent de police n° 5976 (« Michel Lonsdale »), d'abord perplexe, finit par empoigner son sifflet et par intervenir, d'ailleurs efficacement.

Passe un homme qui marche le nez en l'air, suivi d'un autre homme qui regarde par terre.

Passe un homme avec une boîte de Ripolin

Des gens des gens des voitures

Une vieille dame avec une très belle redingote imperméable style Sherlock Holmes

La foule est compacte, presque plus d'accal-
mies
Une femme avec deux baguettes sous le bras
Il est quatre heures et demie

III

8

La date : 20 octobre 1974 (dimanche)
L'heure : 11 h 30
Le lieu : Café de la Mairie
Le temps : À la pluie. Sol mouillé. Éclaircies
passagères.

Pendant de longs espaces de temps, aucun autobus, aucune voiture *c'est à cause du fait qu'il peut
faire attention à seulement
une chose chaque fois ou
c'est littéral ?*
Sortie de la messe
La pluie se remet à tomber.
Journée Nationale des Personnes Âgées : beaucoup de gens portent sur le col de leurs manteaux

ou de leurs imperméables des petits écussons de
papier : cela prouve qu'ils ont déjà donné
Passe un 63
Passe une dame portant un carton à gâteaux
(image classique des sorties de messes du
dimanche ici effectivement attestée)
Quelques enfants
Quelques cabas à roulettes
Une deux-chevaux dont le pare-brise s'orne
d'un caducée conduite par un vieux monsieur
se range au bord du trottoir ; le vieux monsieur
vient chercher dans le café une vieille dame qui
buvait un café en lisant *Le Monde*
Passe une femme élégante tenant, tiges en haut,
un grand bouquet de fleurs.
Passe un 63
Passe une petite fille qui porte deux grands sacs
à provisions
Un oiseau vient se poser sur le sommet d'un
lampadaire
Il est midi
Bourrasque
Passe un 63

Passe un 96
Passe une deux-chevaux vert pomme
La pluie devient violente. Une dame se fait
un chapeau avec un sac en plastique marqué
« Nicolas »
Des parapluies s'engouffrent dans l'église

Instants de vide

Passage d'un autobus 63

Geneviève Serreau passe devant le café (trop
loin de moi pour que je puisse lui faire signe)
Projet d'une classification des parapluies selon
leurs formes, leurs modes de fonctionnement,
leurs couleurs, leurs matériaux...
D'un cabas sort quelque verdure
Passe un 96
Des différences sautent aux yeux : il y a moins
d'autobus, il y a peu ou même pas de camions
ou de camionnettes de livraisons, les voitures

sont le plus souvent particulières ; davantage de gens semblent entrer ou sortir de Saint-Sulpice. Davantage de différences seraient à mettre sur le compte de la pluie qui n'est pas nécessairement spécifique du dimanche.

Passe un chien qui court, queue en l'air, en reniflant le sol.

Les gestes et les mouvements sont rendus pénibles par la pluie (porter un carton à gâteaux, traîner un cabas à roulettes, marcher en tenant un enfant par la main).

Passage d'un 63

Le parvis est quasi vide. Puis trois personnes le traversent.

Puis trois groupes de deux. Puis un seul homme qui sort de l'église.

Il pleut toujours, mais peut-être un petit peu moins fort.

Un homme soutenant une vieille dame traverse très lentement le parvis

Une voiture vert pomme (RL ?)

Un autobus 96
Une voiture grisâtre, dont la portière arrière droite est bleue.
Il est midi et demi.
Au coin de l'église et de la rue Saint-Sulpice, un homme s'équipe avant de détacher son vélo-moteur qu'il avait enchaîné aux barreaux d'une sorte de soupirail (c'est vraiment trop grand pour être un soupirail)
Entre-temps, la pluie s'est arrêtée
Le vent chasse la pluie qui s'était accumulée sur le store du café : paquets d'eau

Des pigeons sur le terre plein. Une volkswagen passe entre le terre-plein et le parvis. Le parvis est vide
Au loin, deux passants. Timide éclaircie.
Des cabas pleins : céleris, carottes
Des bouquets de fleurs tenues tiges en l'air
La plupart des cartons à gâteaux sont de forme parallélipédique (tartes ?); rares sont les pyra-midaux.

Un 63
Un sac (tunisien) sur lequel il y a écrit
« SOUVENIR ».
Un 96
Je mange un sandwich au camembert
Il est une heure moins vingt.

9

La date : 20 octobre 1974
L'heure : 13 h 05
Le lieu : Café de la Mairie

Depuis pas mal de temps déjà (une demi-
heure ?) un flic se tient debout, immobile, lisant
quelque chose, sur la bordure du terre-plein,
entre l'église et la fontaine, tournant le dos à
l'église.
Un taxi deux vélomoteurs une fiat une peugeot
une peugeot une fiat une voiture dont j'ignore
la marque
Un homme qui court.

Éclaircie. Aucune voiture. Puis cinq. Puis une.
Des oranges dans un filet.

Michel Martens, avec un parapluie géranium

Le 63

Le 96

Une ambulance de l'assistance publique (hôpitaux de Paris)

Un rayon de soleil. Du vent. Tout au fond, une voiture jaune

Un car de police. Quelques voitures. Un car Atlas Reiser

Un homme dont le bras gauche est pris dans un plâtre

Un 63 qui s'arrête exceptionnellement au coin de la rue des Canettes pour laisser descendre un couple de gens âgés

Un taxi DS de couleur verte

Une voiture jaune (la même) émerge de la rue Saint-Sulpice et s'engage sur la partie carrossable du parvis

Juste en face du café, il y a un arbre : une ficelle est nouée autour du tronc de l'arbre.

Tout au fond, près de la rue Férou, la voiture jaune se gare

Le parvis est absolument vide : il est une heure vingt-cinq.

L'agent fait toujours les cent pas sur la bordure du terre-plein, venant parfois jusqu'au coin de la rue Saint-Sulpice ou s'éloignant presque juste devant l'hôtel des finances.

Le 96

En ne regardant qu'un seul détail, par exemple la rue Férou, et pendant suffisamment de temps (une à deux minutes), on peut, sans aucune difficulté, s'imaginer que l'on est à Étampes ou à Bourges, ou même quelque part à Vienne (Autriche) où je n'ai d'ailleurs jamais été.

Surveillé, ou plutôt excité par son maître, un chien noir gambade sur le terre-plein.

Aboiements

Passe un jeune papa portant son bébé endormi sur son dos (et un parapluie à la main)

Le parvis serait vide si le flic ne l'arpentait

Le 63

Le 96

Au fond, deux garçons en anoraks rouges
Une volkswagen bleu foncé traverse le parvis
(je l'ai déjà vue)
Rareté des accalmies totales : il y a toujours un
passant au loin, ou une voiture qui passe
Le 96
Des touristes se photographient devant l'église
Le parvis est vide. Un car de touristes (Peters
Reisen), vide, le traverse
Le 63
Il est deux heures moins cinq
Les pigeons sont sur le terre-plein. Ils s'envolent
tous en même temps.
Quatre enfants. Un chien. Un petit rayon de
soleil. Le 96. Il est deux heures

Composition et mise en pages
Nord Compo à Villeneuve-d'Ascq

Impression par Laballery à Clamecy (Nièvre)
Dépôt légal : mai 2020
N° d'édition : 2466-4 – N° d'impression : 208245
Imprimé en France